The **1333** Most Frequently Used **AUTOMOTIVE** Terms

Diccionario de Términos Automotrices

English-Spanish-English

Inglés-Español-Inglés

José Luis Leyva

PREFACE

The purpose of this book is not only to serve as an English-Spanish reference work to look up a term when needed, but also as a guide to learn the most frequently used automotive terms. Learn just a few terms every day, and soon you will be acquainted with the most common automotive terminology in English and Spanish.

PREFACIO

El propósito de esta publicación –aparte de servir como obra de referencia donde se puedan consultar términos automotrices cuando sea necesario- es poner al alcance del lector una sencilla guía con la que pueda familiarizarse con los términos automotrices que más frecuentemente se utilizan. Si se aprenden tres o cuatro términos cada día, en poco tiempo aprenderá los términos automotrices más comúnmente utilizados en inglés y español.

ACKNOWLEDGMENTS

During more than 25 years of work as an interpreter and translator, I have been in contact with people from many different areas of expertise. These people have provided me with the knowledge and wisdom from their technical fields. CEO's, manufacturing directors, human resources managers, plant managers, attorneys, ambassadors and even Presidents have in a way helped in creating the knowledge base for this book. Special thanks to David Medina, Federico González, Carmen Alzaga, Lucy de La Riva, Fidel Gutiérrez, Julia Guevara and Mickey Moulder, who -even inadvertently- contributed in this book.

RECONOCIMIENTOS

Durante los más de 25 años de mi profesión como intérprete y traductor, he conocido innumerables personas con diferentes contextos profesionales. Todas estas personas me han brindado el conocimiento y sabiduría correspondientes a su área del saber. Directores ejecutivos, directores de manufactura, gerentes de recursos humanos, gerentes de planta, abogados, embajadores y hasta presidentes, todos ellos de alguna manera han ayudado a integrar la base de conocimiento necesaria para crear esta publicación. Vaya un agradecimiento especial para David Medina, Federico González, Carmen Alzaga, Lucy de La Riva, Fidel Gutiérrez, Julia Guevara y Mickey Moulder, quienes —aun sin darse cuenta de ello- han contribuido en la realización de este libro.

ENGLISH-SPANISH
INGLÉS-ESPAÑOL

A

abrasive, abrasivo

AC condenser, condensador del aire acondicionado

accelerate, acelerar

acceleration, aceleración

accessory, accesorio

accumulator, acumulador

activate, activar

adjust, ajustar

adjuster hardware, mecanismos de ajuste

adjustment, ajuste

adjustment screw, tornillo de ajuste

advanced, adelantado

air, aire

air dams, deflectores de aire

air filter housing, caja del filtro de aire

air/fuel mixture, mezcla de aire/combustible

airbag, bolsa de aire

airflow, flujo de aire

align, alinear

alignment, alineación

alignment machine turnplates, platos rotantes de la máquina de alineación

alignment ramp, rampa de alineación

aluminum, aluminio

aluminum pickle fork, horquilla de aluminio

ambient, ambiente

anaerobic sealer, sellador anaeróbico

anaerobic-type gasket material, material de los empaques (juntas) de tipo anaeróbico

analog, análogo

anti-chatter band, banda de control de vibración

anti-lock brakes, frenos antibloqueantes

arbor, eje

arc, arco

armature, armadura

assembled, ensamblado

assembly, ensamblaje

atmospheric port, orificio atmosférico

auto level control (air shock) system, sistema de nivel automático (amortiguador de aire)

auxiliary water pump, bomba de agua auxiliar

axle, eje

axle seal, sello del eje

B

backing plate, plato de soporte

balance shaft, eje balanceador

balancer, balanceador

ball joint, rótula

ballast resistor, resistencia balasta

battery, batería

bead blast machine, máquina de balines a propulsión

bearing, cojinete/metal

bearing, rodamiento/balero

bearing crush, aplastamiento del cojinete

bearing oil holes, orificios de aceite en los cojinetes (metales)

bearing overhang, sobresaliente del cojinete (metal)

bearing race, pista de rodamiento

become tight, endurecer

bellhousing, campana

bellows, botas protectoras

belt, banda

belt tensioner, tensor de la banda

bent, doblado

bind, atorar

bleed, purgar

block, bloque

block-off plate, placa de desmonte del bloque

body, carrocería

body control module, módulo de control de la carrocería

body ground, tierra de la carrocería

bolt, tornillo

booster, reforzador

boot seal, bota cubrepolvo

bore (v), rectificar

bores, cavidades interiores

bottom, fondo

bottom dead center, punto muerto inferior

bottoms out, baja y pega al fondo de su recorrido

bounce, rebotar

brake, freno

brake adjusting screw, tornillo de ajuste del freno

brake backing plate, placa de respaldo del freno

brake drag, arrastre de los frenos

brake drum, tambor de freno

brake fluid, líquido de freno

brake hose, manguera de freno

brake lever, palanca de freno

brake light, luz de frenos

brake light switch, interruptor de la luz de freno

brake line, línea de frenos

brake linings, material de fricción de frenos

brake pads, balatas

brake pedal, pedal del freno

brake release knob , perilla de liberación de freno

brake reservoir, depósito de fluido de freno

brake reservoir cap, tapa del depósito de fluido de freno

brake rotor, disco de freno

brake shoe, zapata del freno

brake warning light, luz de advertencia de freno

braking, frenando

brass, bronce

breather, respirador

breather bypass pipe, tubo de derivación del respiradero

buildup, acumulación

bulging, hinchado

bump, tope

bump/jounce stop, tope de goma para rebotes

bushing, buje

butt connector, conector de presión

buzzing noise, zumbido

bypass, desvío

bypass hose, manguera de desvío

bypass valve, válvula de desvío

C

cable equalizer yoke, horquilla igualadora del cable

caliper, vernier

caliper slide pins, pernos deslizantes de la mordaza

cam, leva

cam cap gasket , junta de tapa de levas

cam holder seal, sello de soporte de levas

cam housing, carcasa de levas

cam housing gasket, junta de carcasa de levas

cam housing plug, tapón de carcasa de levas

cam housing seal, sello de carcasa de leva

cam retainer gasket, empaque del retenedor de levas

cam timing, tiempo del árbol de levas

cam tower, torre de levas

camber, ángulo camber

camshaft, árbol de levas

camshaft lobes, lóbulos del árbol de levas

cap, tapa

carbon, carbón

carbon buildup, depósitos de carbón

cartridge, cartucho

caster, ángulo caster

castle nuts, tuercas de seguridad

center, centrar

center bolt, tornillo/perno central

center link, varilla central

center main bearing, cojinete principal central

chain, cadena

charge, carga

chassis, chasis

check, verificar

check valve, válvula unidireccional

chuck, mandril

circuit, circuito

clamps, grampas

clean, limpiar

clearance, espacio libre

clicking noise, sonido "clic"

clockwise, en el sentido de las manecillas del reloj

clogged, obstruido

clunk, golpe

clutch, embrague

clutch switch, interruptor del embrague

coast (v), marchar libremente

code, código

coil, bobina

coil bind, resorte trabado

coil spring, resorte espiral

coil spring compressor, compresor de resorte espiral

cold start, arranque en frío

collape, contraer

collapsed lifter, botador de válvula descargado

collision, colisión

combination valve, válvula de combinación

combustion chamber, cámara de combustión

compare, comparar

compensator, compensador

compensator spring kit, kit de resortes del compensador

complaint, queja

component, componente

composite-type rotor, disco de tipo compuesto

compressed, comprimido

compressed air, aire comprimido

compression, compresión

compression fitting, unión de compresión

compression rings, anillos de compresión

compression stroke, tiempo de compresión

compression test, prueba de compresión

compressor, compresor

computer controlled spark advance, avance de la chispa controlado por computadora

concave, cóncavo

concentricity, concentricidad

condenser, condensador

connecting rod, biela

connecting rod bearing, cojinete de la biela

connecting rod cap, tapa de la biela

connector, conector

container, recipiente

contaminated, contaminado

control arm, brazo de control

control valve, válvula de control

coolant temperature sensor, sensor de la temperatura del refrigerante del motor

cooler, enfriador

cooling system, sistema de enfriamiento

cooling system tester, probador del sistema de enfriamiento

copper, cobre

copper tubing, tubos de cobre

core plugs, tapones del bloque del motor

corroded, oxidado

corrosion, corrosión

cotter pin, pasador/chaveta

counterclockwise, en sentido contrario de las manecillas del reloj

coupling, acoplador

cover, cubierta

cover seal of the master cylinder, sello de la tapa del depósito del cilindro maestro

cracked, agrietado

cracks, grietas

cradle, subchasis

crank, girar

crankcase, cárter

crankcase vent hose, manguera de desfogue del cárter

crankshaft, cigüeñal

crankshaft journal, muñón del cigüeñal

crash, choque/impacto

crash sensor, sensor de impacto

cross camber, diferencia de ángulo camber de lado a lado

cross tube, cruceta

crossed, intercambiados

cross-hatch, patrón cruzado

crossmember, subchasis

crush height, altura del margen

cup/seal, copa/sello

customer, cliente

CV-joint, junta homocinética

cylinder, cilindro

cylinder balance test, prueba de balance de cilindros

cylinder block, bloque del motor

cylinder bore taper, conicidad del cilindro

cylinder bores, paredes de los cilindros

cylinder head, cabeza/culata del cilindro

cylinder head cover, cubierta del cabezal

cylinder hydraulic lock, bloqueo hidráulico en el cilindro

cylinder leakage test, prueba de fugas del cilindro

cylinder wall, pared del cilindro

D

damage, daño

DC voltage, voltaje de corriente directa

deceleration, desaceleración

degree wheel, rueda indicadora de grados

demagnetize, desmagnetizar

deployment, despliegue

depth, profundidad

diagnose, diagnosticar

diagnosis, diagnóstico

diagnostic trouble code, código de falla del diagnóstico

diagram, diagrama

dial indicator, indicador de reloj

diaphragm, diafragma

dielectric grease, grasa dieléctrica

difference, diferencia

digital multimeter, multímetro digital

dim, atenuar

dimension, dimensión

directional tire, llanta/neumático direccional

disable, inhabilitar

disarm, desactivar

disassemble, desarmar

disc brake system, sistema de frenos de disco

disc brakes, frenos de disco

disc/drum brakes, frenos de disco y tambor

discharge, descarga

discharge static, descarga electrostática

disconnect, desconectar

disengage, soltar

dished brake rotors, discos de freno cóncavos

distance tube, tubo de separación

distorted, distorsionado

distribution, distribución

distributor, distribuidor

distributor cap, tapa del distribuidor

distributor rotor, rotor del distribuidor

dog-tracking, descuadrado

dome, cúpula

double flare, avellanado doble

double flare fittings, uniones con avellanados dobles

double-knock, doble golpeteo

drag, arrastrar

drift to one side, tender a desviarse hacia un lado

drive axle, eje de propulsión

driveline angle, ángulo de la línea de impulsión

driven, impulsado

driver, conductor

drum, tambor

dry, seco

dual master cylinder, cilindro maestro doble

duo-servo, doble servo

dust cap, tapa cubrepolvo

E

edge, borde

EGR valve, válvula EGR

electric fan, ventilador eléctrico

electrical loads, cargas eléctricas

electrolyte, electrólito

electronic ignition, encendido electrónico

electronic tilt and telescoping column, columna telescópica con inclinación ajustable electrónica

elongated, alargado

emergency brake, freno de estacionamiento/emergencia

emergency stop, parada de emergencia

end plate, plato trasero

end play, juego longitudinal

engine, motor

engine block, bloque del motor

engine coolant, refrigerante del motor

engine does not crank, motor no gira

engine mount, soporte del motor

engine mount, soporte del motor

engine mount bracket, brazo del soporte del motor

engine mount bushing, buje del soporte del motor

engine mount cap, tapa del soporte del motor

engine mount isolator, aislante del soporte del motor

engine overhaul, reparación mayor de un motor

engine sealant, sellador del motor

engine speed, velocidad del motor

engine vacuum, vacío del motor

engine vibration damper, amortiguador de vibración del motor

equalizer, igualador

erratic handling, maniobrabilidad errática

excessive body roll, inclinación excesiva de la carrocería

excessive play, juego libre excesivo

excessive tire squeal, chirrido excesivo en las llantas

excessive valve train clearance, juego excesivo en el tren de las válvulas

exhaust, escape

exhaust gas recirculation, recirculación de los gases de escape

exhaust pipe, tubo de escape

exhaust stroke, tiempo de escape

exhaust system, sistema de escape

expand, expandir

expander, expansor

external micrometer, micrómetro de exteriores

F

face, cara

failure, falla

fan, ventilador/abanico

fan clutch, embrague del ventilador

fastener, sujetador

fault, falla

feeler gauge, calibrador de hoja

fender, guardafango

fillet radius, radio del borde del cigüeñal

filter, filtro

finish, acabado

fittings, uniones

flare tool, herramienta de avellanado

flex plate, plato flexible/volante

flexible brake hose, manguera de freno flexible

flexible coupling, acoplador flexible

floating, flotante

floating caliper, mordaza flotante

flow, flujo

flow control valve, válvula para el control del flujo

fluctuate, fluctuar

fluid, líquido

fluid level sensor, sensor del nivel de líquido

fluid level switch, interruptor del nivel del líquido

flush, purgar

flutter, oscilar rápidamente

flywheel, volante del motor

flywheel ring gear, aro dentado del volante del motor

foam, espuma

fouled spark plug, bujía contaminada

four cycle engine, motor de cuatro tiempos

four-wheel disc brakes, frenos de disco en las cuatro ruedas

four-wheel drive, tracción en las cuatro ruedas

frame, chasis

free length, longitud libre

free play, juego libre

friction, fricción

friction material, material de fricción

front, delantero

front cradle, subchasis delantero

front end, tren delantero

front end shimmy, bamboleo en el tren delantero

front seal, sello delantero

front springs, resortes delanteros

front-wheel drive vehicle, vehículo con tracción delantera

frozen, pegado

fuel, combustible

fuel filter, filtro de combustible

fuel injection, inyección de combustible

fuel injector, inyector de combustible

fuel pressure regulator, regulador de presión de combustible

fulcrum bolt, perno de apoyo

full-size rear wheel drive vehicle, vehículo grande con tracción trasera

full-sized car, vehículo grande

fuse, fusible

G

galled, escoriado

gallery, galería

gasket, empaque

gasoline, gasolina

gauge, medidor

gear, engranaje

gear box, caja de transmisión

gear rack lash, juego del engranaje de la cremallera

glazed, cristalizado

glazed brake linings, material de fricción de freno cristalizado

glycol, glicol

go/no-go gauge, medidor de pasa/no-pasa

grease, grasa

grease retainer, retenedor de grasa

grease seals, sellos de grasa

grind, esmerilar

grinder, esmerilador

grinding noise, ruido similar al de raspar

grinding stones, piedras rectificadoras

groan stopper bolt cov, cubierta de perno eliminador de chirridos

groove, ranura

grooved, ranurado

ground, tierra

growling, gruñido

guide, guía

H

half shaft, semieje

hammer, martillo

hand-held grinder, esmeriladora de mano

handling, maniobrabilidad

hard acceleration, aceleración a fondo

hard braking, frenadas bruscas

hard spots, áreas duras

harmonic balancer, balanceador armónico

harness, arnés

head, cabeza/culata

head gasket, empaque de la cabeza/culata

heat insulator, aislador de calor

heat sink, aislador térmico

heater, calentador

heater ducts, conductos del calentador

heater return gasket, empaque del retorno del calefactor

heavy-duty, uso pesado

height, altura

height sensing proportioning valve, válvula proporcionadora con sensor de altura

high pitched whine, zumbido agudo

high pressure line, línea de alta presión

high temperature wheel bearing lubricant, lubricante para baleros para alta temperatura

high-load, carga alta

high-mounted stop light, tercera luz de freno

highway speeds, velocidades de autopista

hoist, grúa

hold, sostener

hold-down spring, resorte/muelle de retención

hole, orificio

hone, rectificar

hood, capó/cofre/bonete

horn, bocina/claxon

horn button, interruptor de la bocina/claxon

hose, manguera

hot, caliente

hot all times, con voltaje permanente

hot in start, con corriente en la posición de arranque

hot spots, áreas calientes

housing, caja

howling, zumbido

hub, maza

hub flange, borde/pestaña de la maza

hubless rotor, disco sin maza

hydraulic, hidráulico

hydraulic lash adjusters, ajustadores de juego libre hidráulicos

hydraulic lifters, botadores hidráulicos

hydraulic press, prensa hidráulica

hydraulic system, sistema hidráulico

hydro-boost brake system, sistema de reforzamiento hidráulico de los frenos

hygroscopic, higroscópico

I

idle, marcha mínima/relenti

idle air control valve, válvula de control de marcha mínima

idler arm, brazo auxiliar

idler arm bushing, buje de brazo libre

idler arm repair kit, kit de reparación de brazo libre

idle-up circuit, sistema de control de marcha mínima

ignition, encendido

ignition coil, bobina de encendido

ignition pickup sensor, sensor de señal de encendido

ignition switch, interruptor de encendido

ignition timing, tiempo de encendido

illuminate, iluminar

impact sensors, sensores de impacto

impact wrench, llave de impacto

impedance, impedancia

inboard, interior

inch, pulgada

included angle, ángulo incluido

incorrect drum surface finish, acabado inapropiado en la superficie del tambor

indicator, indicador

inductive, inductivo

inductive current pickup, captador inductivo de corriente

injection, inyección

injector, inyector

in-line engine, motor con cilindros en línea

inner tie rod end, terminal interno

inoperative, inoperable

inputs, señales/entradas

inside, interior

inside hole gauge, calibrador de interiores

inspect, inspeccionar

inspection, inspección

install, instalar

installed spring height, altura del resorte instalado

installed valve spring height, altura del resorte de la válvula instalado

instrument, instrumento

instrument cluster, tablero de instrumentos

instrument panel, tablero del instrumentos

insulated, aislado

insulation, aislante

insulators, aisladores

intake gasket, empaque de admisión

intake manifold, múltiple de admisión

intake stroke, tiempo de admisión

integral wheel sensor hub, sensor de la rueda integrado en la maza

interference angle, ángulo de interferencia

interference fit, acoplado por presión

interior courtesy lamps, luces interiores de cortesía

intermittent, intermitente

ISO flare, avellanado ISO

isolation valve, válvula de aislamiento

isolator, aislador

J

jounce, rebotar

jounce bumper, tope de goma para rebotes

journal, muñón

jumper, puente

jumper cables, cables pasa-corriente

jumper wire, puente (cable)

K

key, llave

key fob, control remoto

key warning buzzer, zumbador de advertencia de la llave

key-off, llave de encendido en la posición apagada

key-off battery drain, descarga de la batería con la llave en posición apagada

king pin, pivote de la dirección

king pin thrust washer, arandela de empuje de pivote de la dirección

kinked, retorcido

knocking noise, golpeteo

knurl, moletear

L

lamp, luz

latch, abrochar

lateral runout, desviación lateral

lathe, torno

lathe chatter marks, marcas de vibración causadas por el torno

leads, terminales

leaf spring, hoja de muelle

leak, fuga

length, longitud

level, nivel

level indicator sensor, sensor del indicador de nivel

lever, palanca

lift, elevador

lifter, botador

light, luz

light socket, enchufe/conector

light truck, camión ligero

light-duty, para uso ligero

limit, límite

line, línea

link, varilla

linkage, varillaje

liquid cooled engine, motor enfriado por líquido

live circuit, circuito con corriente

load current of 400 amps, descarga de corriente de 400 amperes

load sensing proportioning valve, válvula proporcionadora que detecta la carga

load test, prueba de capacidad de carga

loaded, cargado

lobe, lóbulo

lock, seguro

lock cylinder, cilindro de la cerradura

lock nut, tuerca de seguridad

loose, flojo

loosen, aflojar

low beam, luz baja

low tire pressure, presión baja de la llanta/neumático

lower, bajar

lower control arm, brazo inferior de control

lower rear strut mounting hole, orificio inferior de montaje del puntal trasero

low-load, baja carga

lubricant, lubricante

lug nut, tuerca de la rueda

M

machine, maquinar/rectificar

machined surfaces, superficies rectificadas

MacPherson strut, puntal McPherson

magnet, imán

magnetic, magnético

magnetic wheel speed sensor, sensor magnético de velocidad de la rueda

main, principal

main bearings, cojinetes principales

main journal, muñón principal

main oil gallery, galería principal del aceite

main parking brake cable, cable principal del freno de estacionamiento

main thrust bearing, cojinete/metal de empuje lateral

malfunctioning, mal funcionamiento

maneuvers, maniobras

manually bled, sangrado manualmente

manufacturer's specifications, especificaciones del fabricante

margin, margen

master cylinder, cilindro maestro

master cylinder primary cup, copa primaria del cilindro maestro

master cylinder reservoir, depósito del cilindro maestro

master cylinder reservoir diaphragm, diafragma de la tapa del depósito del cilindro maestro

match, empatar

mating surfaces, superficies de contacto

max position, posición máxima

maximum output pressure, presión máxima de salida

maximum output test, prueba de salida máxima

measure, medir

measurement, medida

mechanical, mecánico

mechanical lash adjusters, ajustadores de juego libre mecánicos

metal brake line, línea de metal del freno

metal chip, rebaba

meter, medidor

meter leads, terminales del medidor

metering valve, válvula dosificadora

method, método

micrometer, micrómetro

MIL light, luz indicadora "MIL"

minimum thickness, grosor mínimo

mirror, espejo

misadjusted, mal ajustado

misaligned, desalineado

misfire, falla

mismatched, disparejo

missing, faltante

mixture, mezcla

modular wire, cable modular

modulator, modulador

module, módulo

moisture, humedad

monitor, monitor

motor brushes, escobillas/carbones del motor

mount, montaje

mounting, soporte

mounting bolt, tornillo de montaje

mounting surface, superficie del soporte

multi-conductor wire, cable multiconductor

multimeter, multímetro

multiport fuel injection, inyección múltiple de combustible

multi-viscosity, multigrado

N

needle, aguja

negative, negativo

neutral safety switch, interruptor neutral de seguridad

no loads on, sin cargas/consumos

noise, ruido

non-adjustable valve train, tren de válvulas sin ajuste

nondirectional finish, acabado sin dirección

non-directional swirl finish, acabado circular sin dirección

non-independent front axle, eje delantero no independiente

normal service brakes, frenos convencionales

nut, tuerca

O

odometer, odómetro

off, apagar

off-the-car brake lathe, torno de banco

ohmmeter, ohmiómetro

ohms, ohmios

oil, aceite

oil dipstick, vástago medidor de aceite

oil filter, filtro de aceite

oil passages, pasajes del aceite

oil pressure gauge, indicador de la presión de aceite

oil pressure indicator light, luz indicadora de presión de aceite

oil pressure relief spring, resorte de alivio de la presión del aceite

oil pressure sending unit, unidad de envío de presión de aceite

oil pressure warning light, luz de advertencia de la presión de aceite

oil pump bypass valve, válvula de desvío de la bomba de aceite

oil pump discharge, descarga de la bomba de aceite

oil pump screen, malla de la bomba de aceite

oil return holes, agujeros para el retorno del aceite

oil return passages, pasajes de retorno del aceite

oil ring, anillo de aceite

on, encendido

on position, posición de "encendido"

open, abierto

open circuit, circuito abierto

open circuit voltage, voltaje del circuito abierto

open ground, interrupción a tierra

operate, funcionar

O-ring, sello tipo O

oscilloscope, osciloscopio

out of adjustment, desajustado

out of specification, fuera de especificaciones

outboard, exterior

outer tie rod, terminal externa de la dirección

outer tie rod socket, dado en la terminal externa

out-of-balance, fuera de balance

out-of-limit, fuera de límite

out-of-parallel, fuera de paralelismo

out-of-round, ovalización

out-of-square, descuadrado

output, salida

output current, corriente de salida

outside, exterior

over advanced ignition timing, tiempo de encendido muy adelantado

over revved engine, motor muy revolucionado

over tightened, sobreapretado

overadjusted, demasiado ajustado

overcharge, sobrecarga

overfilled, sobrellenado

overhang, sobresaliente

overhaul, reacondicionar

overhead cam engine, motor con árbol de levas en la cabeza/culata

overheat, sobrecalentar

overinflated, sobrenfladas

overlap, traslape

oversize, sobremedida

oversize piston ring, anillo de pistón con exceso de dimensiones

oversize pistons and rings, pistones y anillos con exceso de dimensiones

oversized, con exceso de dimensiones

overtightened, sobreapretado

oxygen, oxígeno

P

pads, pastillas/balatas

panic stop, frenada de pánico

parallel, paralelo

parallel parking, estacionar en paralelo

parallelism, paralelismo

parasitic draw, descarga parásita

park, estacionar

park position, posición de estacionamiento

park/neutral position switch, interruptor neutral de seguridad

parked, estacionado

parking, estacionamiento

parking brake, freno de estacionamiento/emergencia

parking brake cable, cable del freno de estacionamiento

parking brake release assembly, ensamble de desactivación del freno de estacionamiento

parking brake switch, interruptor del freno de estacionamiento

parking brake warning light, luz de advertencia del freno de estacionamiento (emergencia)

parking maneuvers, maniobras de estacionamiento

part, parte

passage, pasaje

passenger, pasajero

pattern, patrón

pavement, pavimento

PCV system, sistema PCV

PCV valve, válvula PCV

perform, realizar

pickup, captador

pickup coil, bobina captadora

pierce, perforar

pigtail lead, cable flexible

pin, perno/terminal

pinch, pinchar

pinion, piñón

pinion flange, ceja del piñón

pipe, tubo

piston, pistón

piston dome, cúpula del pistón

piston pin, pasador del pistón

piston ring end gap, abertura del anillo del pistón

piston rings, anillos del pistón

piston skirt, falda del pistón

piston thrust face, área de contacto del pistón

piston travel, recorrido del pistón

pitman arm, brazo pitman

pitting, picaduras

plate, plato

play, juego libre

plugged, obstruido

pneumatic, neumático

pneumatic gasket scraper, espátula de juntas neumática

pneumatic sander, lijadora neumática

polish, pulir

poppet valve, válvula de alivio de presión

port, puerto/orificio

positioned, colocado

positive, positivo

positive battery post, borne/terminal positivo de la batería

positive crankcase ventilation system, sistema de ventilación positiva del cárter

power, potencia

power assisted rack and pinion steering, dirección de piñón y cremallera asistida

power booster, reforzador

power brake system, sistema de frenos de potencia

power rearview mirror, espejo retrovisor eléctrico

power seat manual switch, interruptor manual del asiento eléctrico

power steering, dirección asistida

power steering belt, banda de la dirección hidráulica

power steering drive belt, banda de la bomba de dirección asistida

power steering flow control valve, válvula de control de flujo de la dirección asistida

power steering hose, manguera de la dirección asistida

power steering pump, bomba de dirección asistida

power steering system, sistema de dirección asistida

power stroke, tiempo de potencia

power window, ventana eléctrica

power-assist disc/drum brakes, frenos de disco/tambor con reforzador

pre-alignment, prealineación

pre-alignment inspection, inspección previa a la alineación

preassembly, preensamble

prechamber, antecámara

precision insert bearing, cojinete/metal de precisión

preignition, preencendido

preload, precarga

press fit (i.e. interference fit), acoplado a presión

pressure, presión

pressure bleeder, sangradora de presión

pressure cycling switch, interruptor del ciclo de presión

pressure differential switch, interruptor de presión diferencial

pressure differential valve, válvula de presión diferencial

pressure gauge, medidor de presión

pressure relief valve, válvula de alivio de presión

primary cup, sello primario

primary shoe, zapata primaria

printed circuit, circuito impreso

probe, sonda

procedure, procedimiento

program, programa

programming, programación

proper operation, operación normal

proportioning valve, válvula proporcionadora

propylene, propileno

propylene glycol, glicol propileno

protect, proteger

pry-bar, palanca

pull, jalar

puller, extractor

pulley, polea

pulsate, pulsar

pulsating pedal, pedal pulsante

pulsation, pulsación

pulse width, duración de pulso

pump, bomba

pushrod, varilla de empuje

R

race, pista

rack and pinion, piñón y cremallera

radial runout, desviación radial

radiator, radiador

radiator cap, tapa del radiador

radiator filler neck, cuello del radiador

radiator hoses, mangueras del radiador

radiator pressure cap, tapa de presión del radiador

radio antenna lead, cable de la antena de radio

range, rango

rapid up-and-down movement, movimiento rápido hacia arriba y hacia abajo

reach, alcance

ream (v), rimar

reamer, rimador

rear, trasera

rear control (trailing) arm, brazo remolcador (de control) trasero

rear defogger, desempañador trasero

rear main seal, sello trasero principal

rear thrust angle, ángulo de empuje del eje trasero

rear trailing arm, brazo remolcador (de control) del eje trasero

rearview mirror, espejo retrovisor

rear-wheel antilock brakes, frenos antibloqueantes traseros

rear-wheel drive, tracción trasera

rear-wheel drive vehicle, vehículo con tracción trasera

reassemble, reensamblar

rebound, rebote

rebuilt, reconstruido

receiver, receptor

recession, hundimiento

recharged, recargar

recirculating-ball type steering gear, caja de la dirección de tipo recirculación de bolas

reclining, reclinable

recovery, recuperación

regulator, regulador

reinstall, reinstalar

relaxed, aflojado

relay, relevador/relé

relay coil, embobinado del relevador

release, liberar

released position, posición suelta

relief, alivio

relief valve, válvula de alivio

remote, remoto

remote keyless entry system key fob, control remoto del sistema de entrada sin llave

remote reservoir, depósito separado

remove, retirar

remover, removedor

repack, reempacar

repair, reparar

repair, reparación

repeatedly, repetidamente

replace, reemplazar

replacement, sustituto

reprogram, reprogramar

reserve capacity, capacidad de reserva

reservoir, depósito

residual check valve, válvula unidireccional residual

resistance, resistencia

restricted, restringido

restriction, restricción

resurface, rectificar

resurfaced, rectificado

retainer, retenedor

retarded, atrasado

retarded camshaft timing, tiempo del árbol de levas atrasado

retarded ignition timing, tiempo del encendido atrasado

retractable, retráctil

retractable headlamps, luces delanteras retráctiles

retractor, retractor

retrain, reiniciar

return port, orificio de retorno

return springs, resortes/muelles de retorno

reused, reusado

reverse, reversa

reversed, invertido

ribbon wire, cable espiral

rich, rico

ride curb height, altura del vehículo

ridge, borde

rim, rueda

ring expander, expansor de anillos

ring groove, ranura del anillo

ring travel, recorrido de los anillos

rings, anillos (aros)

road surface, superficie de la carretera

road test, prueba en carretera

road wander, movimiento del vehículo de izquierda a derecha

rocker arm, balancín

roll, rodar

roller, rodillo

rosin-core solder, soldadura con núcleo de resina

rotate, girar

rotated, rotado

rotation, rotación

rotor, disco

rotor lateral runout, desviación lateral del disco

rotor parallelism, paralelismo del disco

rotor taper, conicidad del disco

rotor thickness variation, variación en el espesor del disco

rotor vanes, aletas del disco

rough, áspero

rough idle, marcha inestable

rough pavement, pavimento disparejo

rubber, goma

rubber gasket for the master cylinder cap, diafragma de goma de la tapa del depósito del cilindro maestro

rubber parts, partes de goma

runout, desviación

ruptured, reventado

rust, óxido

rusted part, parte oxidada

S

sand, lijar

sand paper, papel de lija

sander, lijadora

scale, escala

scan tool, escáner

schematic, esquema/plano

scored, rayado

scraper, espátula

seal, sello

sealant, sellador

sealed surfaces, superficies selladas

sealer, sellador

sealing washers, arandelas selladoras

seat, asiento

seat belt, cinturón de seguridad

seat belt buckle, hebilla del cinturón de seguridad

seat belt buzzer, zumbido del cinturón de seguridad

seat counterbore, agujero cónico del asiento

seat recession, recesión del asiento

secondary shoe, zapata secundaria

seized, trabado

self-adjusting, ajuste automático

self-diagnosis, autodiagnóstico

self-powered test light, lámpara de prueba con su propia batería

semi-metallic, semimetálico

semi-metallic brake pads, pastillas/balatas de freno semi-metálicas

sending unit, unidad de envío

sensor, sensor

sequence, secuencia

series, serie

serpentine, serpentina

service, servicio

service brakes, frenos convencionales

service records, historial de servicio

setting, ajuste/valor

setup, montaje

shaft, eje

shaking sensation, sensación de vibración

shielded, blindado

shielded conductors, conductores blindados

shielded wire, cable blindado

shim packs, laminillas

shims, espaciadores

shock absorber, amortiguador

shoe support pads, puntos de contacto de las zapatas

shop, taller

shop towel, toalla de taller

short, cortocircuito

short arm/long arm suspension system, sistema de suspensión de brazo corto / brazo largo

short circuit, cortocircuito

short term driveability problems, problemas de funcionamiento a corto plazo

shorted, en cortocircuito

shorted to ground, en cortocircuito a tierra

short-to-ground, cortocircuito a tierra

short-to-power, cortocircuito al voltaje

shot peen, martillados con balines a presión

shoulder tread wear, desgaste en un lado de la banda de rodamiento

shudder, sacudir

side, lado

signal, señal

signal indicator, indicador de dirección

signs, señas

silencer, silenciador

silicone, silicón

silicone grease, grasa de silicón

silicone rubber sealant, sellador de silicón

silicone-based lubricant, lubricante con base de silicón

single flare, avellanado sencillo

single flare fitting, unión con avellanado sencillo

sink, bajar

skirt, falda

slide pin, perno deslizante

slides, deslizadores

slipped, deslizado

slippery, resbaladizo

slowest feed rate, nivel de velocidad de corte más lento

sludge, sedimento

smoke, humo

smooth road surface, carretera de superficie pareja

smoothly, suavemente

solder, soldadura

solenoid, solenoide

solid axle, eje convencional rígido

solid core, núcleo sólido

solvent, solvente

spacer, espaciador

spark, chispa

spark plug, bujía

spark plug cables, cables de las bujías

spark plug insert, inserto de la bujía

speaker, bocina/parlante

speaker lead, cable de la bocina (parlante)

spec, especificación

specified, especificado

speed, velocidad

speed bumps, topes para el control de velocidad en la carretera

speed handle, manivela de velocidad

speed sensor, sensor de velocidad

speedometer, velocímetro

spindle, punta de eje/vástago

splice, empalme

spray, rociar

spread, despliegue

spring, resorte/muelle

spring compressor, compresor de resortes

spring isolator, aislador de resorte

sprocket, engranaje

spun, girado

squeak, rechinido

squeal, chirrido

stabilizer bar, barra estabilizadora

stabilizer bar link, varilla de la barra estabilizadora

stable, estable

stall, apagarse

start, arrancar

starter armature, armadura del motor de arranque

starter bracket, soporte del motor de arranque

starter bushing, buje del motor de arranque

starter cable, cable del motor de arranque

starter contact set, conjunto de contactos del motor de arranque

starter current draw, consumo de corriente del motor de arranque

starter drive, piñón del motor de arranque

starter motor, motor de arranque

starter motor brushes, escobillas/carbones del motor de arranque

starter pinion, piñón del motor de arranque

starter rotor, rotor del motor de arranque

starter solenoid, solenoide del motor de arranque

static, estático

static balance, balanceo estático

static discharge, descarga electrostática

steering arm, brazo de la dirección

steering axis inclination, inclinación del eje de la dirección

steering column, columna de la dirección

steering column flange, reborde/pestaña de la columna de la dirección

steering column U-joint, unión universal de la columna de la dirección

steering coupling, acoplador de la dirección

steering damper, amortiguador de la dirección

steering gear, caja de la dirección

steering knuckle, muñón de la dirección

steering shaft, eje de la columna de la dirección

steering shimmy, vibración/temblor en la dirección

steering swivel lube, lubricante de articulación giratoria de la dirección

steering swivel seal kit, kit de sellos de articulación giratoria de la dirección

steering wheel, volante de la dirección

steering wheel returnability, retorno del volante de la dirección

steering wheel shake, vibración en el volante de la dirección

stem, vástago

step, paso

stereo, estéreo

sticking valves, válvulas trabadas

stiffness, dureza

stop light, luz de freno

stop light switch, interruptor de la luz de freno

straight edge, regla recta

straight rear axle, eje trasero sólido

straight-ahead, recto

stretch, estirarse

strike, golpear

strut, puntal

strut bearings, rodamientos de los puntales

strut cartridge, cartucho del puntal

strut rod, barra de retención

stuck, trabado

subframe, subchasis

sulfated, sulfatado

supercharger, supercargador

supplemental inflatable restraint system, sistema de la bolsa de aire

supplemental restraint ribbon wire/clock spring, cable espiral del sistema de bolsa de aire

supply, suministro

support, soporte

support, sostener

surface, superficie

surface charge, carga de superficie

suspension bellows, fuelle de la suspensión

suspension filter, filtro de la suspensión

suspension fluid, líquido de la suspensión

suspension hose, manguera de la suspensión

suspension pull rod, varilla de tracción de la suspensión

suspension pump, bomba de la suspensión

suspension sensor, sensor de la suspensión

suspension solenoid, solenoide de la suspensión

suspension valve, válvula de la suspensión

sway, inclinarse

sway bar link, varilla de la barra estabilizadora

switch, interruptor

switch timer, interruptor de tiempo

swivel pin, pasador de articulación giratoria

system, sistema

T

tail pipe, tubo de escape

tailgate, puerta trasera

tailgate window, ventana de la puerta trasera

taillight, luz trasera

tank, tanque

tap, orificio

tape, cinta

taper, conicidad

tappet guide, guía ahusada

tapping, golpetear

technician, técnico

temperature gauge, indicador de temperatura

tension, tensión

tensioner, tensor

terminal, terminal

test light, lámpara de prueba

tester, probador

theft deterrent, contra robo

theft deterrent system, sistema contra robo

theft deterrent system alarm, alarma del sistema contra robo

thermal timer, interruptor térmico de tiempo

thermostat, termostato

thread, rosca

throttle, mariposa del acelerador

throttle body, cuerpo del acelerador

throttle linkage, varillaje de aceleración

throttle plate, placas del acelerador

throttle position sensor, sensor de la posición del acelerador

thrust, empuje

thrust angle, ángulo de empuje

thrust bearing, cojinete/metal de empuje

thrust face, área de contacto

tie rod assembly, terminal de barra de tracción

tie rod bushing, buje de terminal de tracción

tie rod end, terminal de tracción

tie rod lock plate, placa de fijación de la terminal

tie rod repair kit, kit de reparación de la terminal

tie rod sleeve, manga/camisa de la terminal de la dirección

tie rod tube, tubo de la terminal

tie rod washer, arandela de la terminal

tighten, apretar

timed, sincronizado

timing, tiempo

timing belt, banda del tiempo

timing chain, cadena de tiempo

tin, estaño

tire, llanta

tire, neumático

tire and wheel assembly, rueda y ensamble

tire aspect ratio, relación entre la altura y la anchura de la llanta

tire pressure monitoring system, sistema de monitoreo de presión de la llanta/neumático

tire pressure sensor, sensor de presión de la llanta/neumático

tire rotation patterns, patrones de rotación de llantas/neumáticos

toe, convergencia/divergencia

toe-in, convergencia

toe-out, divergencia

toe-out-on-turns, divergencia al virar

too much, demasiado

tool, herramienta

tooth, diente

top dead center, punto muerto superior

torque, torsión

torque wrench, herramienta de torsión

torque-angle bolt tightening method, método para apretar los tornillos de torsión angular

torque-to-yield bolts, tornillos de torsión angular y estiramiento

torsion bar, barra de torsión

track bar, barra transversal

tramp, rebotar

transaxle, transmisión transversal

transmission, transmisión

transmission cooler, enfriador del aceite de la transmisión

transmission fluid, aceite de transmisión

transmission mount bracket, soporte de montaje de la transmisión

transmission mount buffer, amortiguador de montaje de la transmisión

transmission mount bushing, buje del soporte de la transmisión

transmission mount washer, arandela del soporte de la transmisión

transmitter, transmisor

transverse link, eslabón transversal

trapped, atrapado

travel, recorrido

tread, banda de rodamiento

tread separation, separación en la banda de rodamiento

trip odometer, odómetro de viaje

triple molded wire, cable con moldura triple

troubleshooting, localización de fallas

trunk, maletero/cajuela

trunnion, muñón

trunnion bolt, perno de muñón

trunnion nut, tuerca de muñón

trunnion pin, pasador de muñón

turbo, turbocargador

turbocharger, turbocargador

turn, virar

turn signal indicator, indicador de dirección

turn signal switch, interruptor de las luces direccionales

turn signals, luces direccionales

turned to start, en posición de arranque

turnplates, platos rotantes

twisted, torcido

twisted conductors, conductores trenzados

U

U-bolt, tornillo tipo "U"

U-joint, unión universal

unburned, no quemado

undercharging, no cargando lo suficiente

underinflated, insuficientemente inflado

uneven, disparejo

unibody, chasis y carrocería compuesta

universal joint, unión universal

unloaded, descargado

upper bearing plate, plato de rodamiento superior

upper control arm, brazo de control superior

upper strut bearing, rodamiento superior del puntal

V

vacuum, vacío

vacuum brake booster, reforzador de vacío de freno

vacuum gauge, medidor de vacío

vacuum line, línea de vacío

vacuum port, orificio de vacío

vacuum power booster, reforzador de potencia de vacío

vacuum supply, suministro de vacío

vacuum test, prueba de vacío

vacuum-assisted, asistido por vacío

vacuum-booster, reforzador de vacío

vacuum-type brake booster, reforzador de frenos de vacío

valve, válvula

valve cover, tapa de válvulas

valve cover mount, soporte de la cubierta de válvulas

valve cover nut, tuerca de la cubierta de válvulas

valve cover screw, tornillo de la cubierta de válvulas

valve cover spacer, espaciador de la cubierta de válvulas

valve cover washer, arandela de la cubierta de válvulas

valve guide, guía de la válvula

valve guide installed height, altura de la guía de la válvula instalada

valve guide seals, sellos de las guías de válvulas

valve job, trabajo de las válvulas

valve keepers, seguros de las válvulas

valve lash, juego libre de las válvulas

valve lifter, botador de válvula

valve margin, margen de la válvula

valve seat, asiento de la válvula

valve spring, resorte de la válvula

valve spring assembled height, altura del resorte con la válvula ensamblada

valve stem, vástago de la válvula

valve stem installed height, altura del vástago de la válvula instalada

valve stem length, longitud del vástago de la válvula

valve timing, sincronización de tiempo de las válvulas

valve train, tren de las válvulas

vanity mirror light, luz del espejo de la visera

variable assist power steering, dirección asistida variable

varilla de retención, strut rod

vehicle, vehículo

vehicle dives excessively, vehículo se inclina excesivamente

vehicle pulls to the left, vehículo jala hacia la izquierda

vehicle pulls to the right, vehículo jala hacia la derecha

vehicle riding height, altura del vehículo

vehicle rolls to a stop, vehículo rueda hasta parar

vehicle wanders, vehículo se mueve de izquierda a derecha

vehicle with disc/drum brakes, vehículo con frenos de disco/tambor

vehicle's body, carrocería del vehículo

vent, respiradero/ventila

vent port in the master cylinder, respiradero en el cilindro maestro

vibrate, vibrar

vibration, vibración

vibration dampener (silencer), silenciador

vibration damper, balanceador armónico

violent shake, sacudida

viscosity, viscosidad

visor, visera

voltage, voltaje

voltage drop, caída de voltaje

voltage drop test, prueba de caída de voltaje

voltage gauge, indicador de voltaje

voltage regulator, regulador de voltaje

voltmeter, voltímetro

volt-ohmmeter, voltímetro-ohmiómetro

V-type overhead valve engine, motor tipo V con válvulas en la cabeza

W

wall, pared

warmed, calentado

warning, advertencia

warning lamp, luz de advertencia

warpage, distorsión

warped, distorsionado

warped brake rotors, discos de freno distorsionados

wash, lavar

washer, arandela

wastegate, compuerta de descarga

water, agua

water control valve, válvula de control de agua

water inlet gasket, empaque de la entrada de agua

water jacket cover, cubierta de la camisa de agua

water outlet cap, tapa de salida de agua

water pump, bomba de agua

water pump bracket, soporte de la bomba de agua

water pump impeller, impulsor de la bomba de agua

water pump pulley, polea de la bomba de agua

water pump seals, sellos de bomba de agua

waveform, patrón de la señal

weak, débil

wear, desgaste

wear pattern, patrón de desgaste

welding, soldadura

wet, mojado

wheel, rueda

wheel bearing, rodamiento de la rueda

wheel cylinder, cilindro de rueda

wheel hub, maza de la rueda

wheel lug nuts, tuercas de la rueda

wheel runout, desviación de la rueda

wheel sensor, sensor de la rueda

wheel speed sensor, sensor de velocidad de la rueda

wheel weights, contrapesos de la rueda

width, anchura

winding, embobinado

window grid, rejilla eléctrica de la ventana

window regulator, regulador de la ventana

windshield, parabrisas

windshield washer pump, bomba del lavador del parabrisas

windshield wiper/washer, limpiaparabrisas/lavador

wiper motor housing, caja del motor de los limpiaparabrisas

wiper motor park switch, interruptor de estacionamiento del limpiaparabrisas

wiper transmission, transmisión del limpiaparabrisas

wiper transmission linkage, varillaje de la transmisión del limpiaparabrisas

wire, alambre

wire insulation, material aislante del cable

wire nut, tapón de alambres atornillable

wiring, cableado

wiring harness, arnés del cableado

wobble, oscilación

worn, desgastado

wrist pin, pasador del pistón

SPANISH-ENGLISH
ESPAÑOL-INGLÉS

A

abertura del anillo del pistón, piston ring end gap

abierto, open

abrasivo, abrasive

abrochar, latch

acabado, finish

acabado circular sin dirección, non-directional swirl finish

acabado inapropiado en la superficie del tambor, incorrect drum surface finish

acabado sin dirección, nondirectional finish

accesorio, accessory

aceite, oil

aceite de transmisión, transmission fluid

aceleración, acceleration

aceleración a fondo, hard acceleration

acelerar, accelerate

acoplado a presión, press fit (i.e. interference fit)

acoplado por presión, interference fit

acoplador, coupling

acoplador de la dirección, steering coupling

acoplador flexible, flexible coupling

activar, activate

acumulación, buildup

acumulador, accumulator

adelantado, advanced

advertencia, warning

aflojado, relaxed

aflojar, loosen

agrietado, cracked

agua, water

aguja, needle

agujero cónico del asiento, seat counterbore

agujeros para el retorno del aceite, oil return holes

aire, air

aire comprimido, compressed air

aislado, insulated

aislador, isolator

aislador de calor, heat insulator

aislador de resorte, spring isolator

aislador térmico, heat sink

aisladores, insulators

aislante, insulation

aislante del soporte del motor, engine mount isolator

ajustadores de juego libre hidráulicos, hydraulic lash adjusters

ajustadores de juego libre mecánicos, mechanical lash adjusters

ajustar, adjust

ajuste, adjustment

ajuste automático, self-adjusting

ajuste/valor, setting

alambre, wire

alargado, elongated

alarma del sistema contra robo, theft deterrent system alarm

alcance, reach

aletas del disco, rotor vanes

alineación, alignment

alinear, align

alivio, relief

altura, height

altura de la guía de la válvula instalada, valve guide installed height

altura del margen, crush height

altura del resorte con la válvula ensamblada, valve spring assembled height

altura del resorte de la válvula instalado, installed valve spring height

altura del resorte instalado, installed spring height

altura del vástago de la válvula instalada, valve stem installed height

altura del vehículo, ride curb height

altura del vehículo, vehicle riding height

aluminio, aluminum

ambiente, ambient

amortiguador, shock absorber

amortiguador de la dirección, steering damper

amortiguador de montaje de la transmisión, transmission mount buffer

amortiguador de vibración del motor, engine vibration damper

análogo, analog

anchura, width

ángulo camber, camber

ángulo caster, caster

ángulo de empuje, thrust angle

ángulo de empuje del eje trasero, rear thrust angle

ángulo de interferencia, interference angle

ángulo de la línea de impulsión, driveline angle

ángulo incluido, included angle

anillo de aceite, oil ring

anillo de pistón con exceso de dimensiones, oversize piston ring

anillos (aros), rings

anillos de compresión, compression rings

anillos del pistón, piston rings

antecámara, prechamber

apagar, off

apagarse, stall

aplastamiento del cojinete, bearing crush

apretar, tighten

arandela, washer

arandela de empuje de pivote de la dirección, king pin thrust washer

arandela de la cubierta de válvulas, valve cover washer

arandela de la terminal, tie rod washer

arandela del soporte de la transmisión, transmission mount washer

arandelas selladoras, sealing washers

árbol de levas, camshaft

arco, arc

área de contacto, thrust face

área de contacto del pistón, piston thrust face

áreas calientes, hot spots

áreas duras, hard spots

armadura, armature

armadura del motor de arranque, starter armature

arnés, harness

arnés del cableado, wiring harness

aro dentado del volante del motor, flywheel ring gear

arrancar, start

arranque en frío, cold start

arrastrar, drag

arrastre de los frenos, brake drag

asiento, seat

asiento de la válvula, valve seat

asistido por vacío, vacuum-assisted

áspero, rough

atenuar, dim

atorar, bind

atrapado, trapped

atrasado, retarded

autodiagnóstico, self-diagnosis

avance de la chispa controlado por computadora, computer controlled spark advance

avellanado doble, double flare

avellanado ISO, ISO flare

avellanado sencillo, single flare

B

baja carga, low-load

baja y pega al fondo de su recorrido, bottoms out

bajar, lower

bajar, sink

balanceador, balancer

balanceador armónico, harmonic balancer

balanceador armónico, vibration damper

balanceo estático, static balance

balancín, rocker arm

balatas, brake pads

bamboleo en el tren delantero, front end shimmy

banda, belt

banda de control de vibración, anti-chatter band

banda de la bomba de dirección asistida, power steering drive belt

banda de la dirección hidráulica, power steering belt

banda de rodamiento, tread

banda del tiempo, timing belt

barra de retención, strut rod

barra de torsión, torsion bar

barra estabilizadora, stabilizer bar

barra transversal, track bar

batería, battery

biela, connecting rod

blindado, shielded

bloque, block

bloque del motor, cylinder block

bloque del motor, engine block

bloqueo hidráulico en el cilindro, cylinder hydraulic lock

bobina, coil

bobina captadora, pickup coil

bobina de encendido, ignition coil

bocina/claxon, horn

bocina/parlante, speaker

bolsa de aire, airbag

bomba, pump

bomba de agua, water pump

bomba de agua auxiliar, auxiliary water pump

bomba de dirección asistida, power steering pump

bomba de la suspensión, suspension pump

bomba del lavador del parabrisas, windshield washer pump

borde , edge

borde, ridge

borde/pestaña de la maza, hub flange

borne/terminal positivo de la batería, positive battery post

bota cubrepolvo, boot seal

botador, lifter

botador de válvula, valve lifter

botador de válvula descargado, collapsed lifter

botadores hidráulicos, hydraulic lifters

botas protectoras, bellows

brazo auxiliar, idler arm

brazo de control, control arm

brazo de control superior, upper control arm

brazo de la dirección, steering arm

brazo del soporte del motor, engine mount bracket

brazo inferior de control, lower control arm

brazo pitman, pitman arm

brazo remolcador (de control) del eje trasero, rear trailing arm

brazo remolcador (de control) trasero, rear control (trailing) arm

bronce, brass

buje, bushing

buje de brazo libre, idler arm bushing

buje de terminal de tracción, tie rod bushing

buje del motor de arranque, starter bushing

buje del soporte de la transmisión, transmission mount bushing

buje del soporte del motor, engine mount bushing

bujía, spark plug

bujía contaminada, fouled spark plug

C

cabeza/culata, head

cabeza/culata del cilindro, cylinder head

cable blindado, shielded wire

cable con moldura triple, triple molded wire

cable de la antena de radio, radio antenna lead

cable de la bocina (parlante), speaker lead

cable del freno de estacionamiento, parking brake cable

cable del motor de arranque, starter cable

cable espiral, ribbon wire

cable espiral del sistema de bolsa de aire, supplemental restraint ribbon wire/clock spring

cable flexible, pigtail lead

cable modular, modular wire

cable multiconductor, multi-conductor wire

cable principal del freno de estacionamiento, main parking brake cable

cableado, wiring

cables de las bujías, spark plug cables

cables pasa-corriente, jumper cables

cadena, chain

cadena de tiempo, timing chain

caída de voltaje, voltage drop

caja, housing

caja de la dirección, steering gear

caja de la dirección de tipo recirculación de bolas, recirculating-ball type steering gear

caja de transmisión, gear box

caja del filtro de aire, air filter housing

caja del motor de los limpiaparabrisas, wiper motor housing

calentado, warmed

calentador, heater

calibrador de hoja, feeler gauge

calibrador de interiores, inside hole gauge

caliente, hot

cámara de combustión, combustion chamber

camión ligero, light truck

campana, bellhousing

capacidad de reserva, reserve capacity

capó/cofre/bonete, hood

captador, pickup

captador inductivo de corriente, inductive current pickup

cara, face

carbón, carbon

carcasa de levas, cam housing

carga, charge

carga alta, high-load

carga de superficie, surface charge

cargado, loaded

cargas eléctricas, electrical loads

carretera de superficie pareja, smooth road surface

carrocería, body

carrocería del vehículo, vehicle's body

cárter, crankcase

cartucho, cartridge

cartucho del puntal, strut cartridge

cavidades interiores, bores

ceja del piñón, pinion flange

centrar, center

cigüeñal, crankshaft

cilindro, cylinder

cilindro de la cerradura, lock cylinder

cilindro de rueda, wheel cylinder

cilindro maestro, master cylinder

cilindro maestro doble, dual master cylinder

cinta, tape

cinturón de seguridad, seat belt

circuito, circuit

circuito abierto, open circuit

circuito con corriente, live circuit

circuito impreso, printed circuit

cliente, customer

cobre, copper

código, code

código de falla del diagnóstico, diagnostic trouble code

cojinete de la biela, connecting rod bearing

cojinete principal central, center main bearing

cojinete/metal, bearing

cojinete/metal de empuje, thrust bearing

cojinete/metal de empuje lateral, main thrust bearing

cojinete/metal de precisión, precision insert bearing

cojinetes principales, main bearings

colisión, collision

colocado, positioned

columna de la dirección, steering column

columna telescópica con inclinación ajustable electrónica, electronic tilt and telescoping column

combustible, fuel

comparar, compare

compensador, compensator

componente, component

compresión, compression

compresor, compressor

compresor de resorte espiral, coil spring compressor

compresor de resortes, spring compressor

comprimido, compressed

compuerta de descarga, wastegate

con corriente en la posición de arranque, hot in start

con exceso de dimensiones, oversized

con voltaje permanente, hot all times

cóncavo, concave

concentricidad, concentricity

condensador, condenser

condensador del aire acondicionado, AC condenser

conductor, driver

conductores blindados, shielded conductors

conductores trenzados, twisted conductors

conductos del calentador, heater ducts

conector , connector

conector de presión, butt connector

conicidad, taper

conicidad del cilindro, cylinder bore taper

conicidad del disco, rotor taper

conjunto de contactos del motor de arranque, starter contact set

consumo de corriente del motor de arranque, starter current draw

contaminado, contaminated

contra robo, theft deterrent

contraer, collape

contrapesos de la rueda, wheel weights

control remoto, key fob

control remoto del sistema de entrada sin llave, remote keyless entry system key fob

convergencia, toe-in

convergencia/divergencia, toe

copa primaria del cilindro maestro, master cylinder primary cup

copa/sello, cup/seal

corriente de salida, output current

corrosión, corrosion

cortocircuito, short

cortocircuito, short circuit

cortocircuito a tierra, short-to-ground

cortocircuito al voltaje, short-to-power

cristalizado, glazed

cruceta, cross tube

cubierta, cover

cubierta de la camisa de agua, water jacket cover

cubierta de perno eliminador de chirridos, groan stopper bolt cov

cubierta del cabezal, cylinder head cover

cuello del radiador, radiator filler neck

cuerpo del acelerador, throttle body

cúpula, dome

cúpula del pistón, piston dome

CH

chasis, chassis

chasis, frame

chasis y carrocería compuesta, unibody

chirrido, squeal

chirrido excesivo en las llantas, excessive tire squeal

chispa, spark

choque/impacto, crash

D

dado en la terminal externa , outer tie rod socket

daño, damage

débil, weak

deflectores de aire, air dams

delantero, front

demasiado, too much

demasiado ajustado, overadjusted

depósito, reservoir

depósito de fluido de freno, brake reservoir

depósito del cilindro maestro, master cylinder reservoir

depósito separado, remote reservoir

depósitos de carbón, carbon buildup

desaceleración, deceleration

desactivar, disarm

desajustado, out of adjustment

desalineado, misaligned

desarmar, disassemble

descarga, discharge

descarga de corriente de 400 amperes, load current of 400 amps

descarga de la batería con la llave en posición apagada, key-off battery drain

descarga de la bomba de aceite, oil pump discharge

descarga electrostática, discharge static

descarga electrostática, static discharge

descarga parásita, parasitic draw

descargado, unloaded

desconectar, disconnect

descuadrado, dog-tracking

descuadrado, out-of-square

desempañador trasero, rear defogger

desgastado, worn

desgaste, wear

desgaste en un lado de la banda de rodamiento, shoulder tread wear

deslizado, slipped

deslizadores, slides

desmagnetizar, demagnetize

despliegue, deployment

despliegue, spread

desviación, runout

desviación de la rueda, wheel runout

desviación lateral, lateral runout

desviación lateral del disco, rotor lateral runout

desviación radial, radial runout

desvío, bypass

diafragma, diaphragm

diafragma de goma de la tapa del depósito del cilindro maestro, rubber gasket for the master cylinder cap

diafragma de la tapa del depósito del cilindro maestro, master cylinder reservoir diaphragm

diagnosticar, diagnose

diagnóstico, diagnosis

diagrama, diagram

diente, tooth

diferencia, difference

diferencia de ángulo camber de lado a lado, cross camber

dimensión, dimension

dirección asistida, power steering

dirección asistida variable, variable assist power steering

dirección de piñón y cremallera asistida, power assisted rack and pinion steering

disco, rotor

disco de freno, brake rotor

disco de tipo compuesto, composite-type rotor

disco sin maza, hubless rotor

discos de freno cóncavos, dished brake rotors

discos de freno distorsionados, warped brake rotors

disparejo, mismatched

disparejo, uneven

distorsión, warpage

distorsionado, distorted

distorsionado, warped

distribución, distribution

distribuidor, distributor

divergencia, toe-out

divergencia al virar, toe-out-on-turns

doblado, bent

doble golpeteo, double-knock

doble servo, duo-servo

duración de pulso, pulse width

dureza, stiffness

E

eje, arbor

eje, axle

eje, shaft

eje balanceador, balance shaft

eje convencional rígido, solid axle

eje de la columna de la dirección, steering shaft

eje de propulsión, drive axle

eje delantero no independiente, non-independent front axle

eje trasero sólido, straight rear axle

electrólito, electrolyte

elevador, lift

embobinado, winding

embobinado del relevador, relay coil

embrague, clutch

embrague del ventilador, fan clutch

empalme, splice

empaque, gasket

empaque de admisión, intake gasket

empaque de la cabeza/culata, head gasket

empaque de la entrada de agua, water inlet gasket

empaque del retenedor de levas, cam retainer gasket

empaque del retorno del calefactor, heater return gasket

empatar, match

empuje, thrust

en cortocircuito, shorted

en cortocircuito a tierra, shorted to ground

en el sentido de las manecillas del reloj, clockwise

en posición de arranque, turned to start

en sentido contrario de las manecillas del reloj, counterclockwise

encendido, ignition

encendido, on

encendido electrónico, electronic ignition

enchufe/conector, light socket

endurecer, become tight

enfriador, cooler

enfriador del aceite de la transmisión, transmission cooler

engranaje, gear

engranaje, sprocket

ensamblado, assembled

ensamblaje, assembly

ensamble de desactivación del freno de estacionamiento, parking brake release assembly

escala, scale

escáner, scan tool

escape, exhaust

escobillas/carbones del motor, motor brushes

escobillas/carbones del motor de arranque, starter motor brushes

escoriado, galled

eslabón transversal, transverse link

esmerilador, grinder

esmeriladora de mano, hand-held grinder

esmerilar, grind

espaciador, spacer

espaciador de la cubierta de válvulas, valve cover spacer

espaciadores, shims

espacio libre, clearance

espátula, scraper

espátula de juntas neumática, pneumatic gasket scraper

especificación, spec

especificaciones del fabricante, manufacturer's specifications

especificado, specified

espejo, mirror

espejo retrovisor, rearview mirror

espejo retrovisor eléctrico, power rearview mirror

espuma, foam

esquema/plano, schematic

estable, stable

estacionado, parked

estacionamiento, parking

estacionar, park

estacionar en paralelo, parallel parking

estaño, tin

estático, static

estéreo, stereo

estirarse, stretch

expandir, expand

expansor, expander

expansor de anillos, ring expander

exterior, outboard

exterior, outside

extractor, puller

F

falda, skirt

falda del pistón, piston skirt

falla, failure

falla, fault

falla, misfire

faltante, missing

filtro, filter

filtro de aceite, oil filter

filtro de combustible, fuel filter

filtro de la suspensión, suspension filter

flojo, loose

flotante, floating

fluctuar, fluctuate

flujo, flow

flujo de aire, airflow

fondo, bottom

frenada de pánico, panic stop

frenadas bruscas, hard braking

frenando, braking

freno, brake

freno de estacionamiento/emergencia, emergency brake

freno de estacionamiento/emergencia, parking brake

frenos antibloqueantes, anti-lock brakes

frenos antibloqueantes traseros, rear-wheel antilock brakes

frenos convencionales, normal service brakes

frenos convencionales, service brakes

frenos de disco, disc brakes

frenos de disco en las cuatro ruedas, four-wheel disc brakes

frenos de disco y tambor, disc/drum brakes

frenos de disco/tambor con reforzador, power-assist disc/drum brakes

fricción, friction

fuelle de la suspensión, suspension bellows

fuera de balance, out-of-balance

fuera de especificaciones, out of specification

fuera de límite, out-of-limit

fuera de paralelismo, out-of-parallel

fuga, leak

funcionar, operate

fusible, fuse

G

galería, gallery

galería principal del aceite, main oil gallery

gasolina, gasoline

girado, spun

girar, crank

girar, rotate

glicol, glycol

glicol propileno, propylene glycol

golpe, clunk

golpear, strike

golpetear, tapping

golpeteo, knocking noise

goma, rubber

grampas, clamps

grasa, grease

grasa de silicón, silicone grease

grasa dieléctrica, dielectric grease

grietas, cracks

grosor mínimo, minimum thickness

grúa, hoist

gruñido, growling

guardafango, fender

guía, guide

guía ahusada, tappet guide

guía de la válvula, valve guide

H

hebilla del cinturón de seguridad, seat belt buckle

herramienta, tool

herramienta de avellanado, flare tool

herramienta de torsión, torque wrench

hidráulico, hydraulic

higroscópico, hygroscopic

hinchado, bulging

historial de servicio, service records

hoja de muelle, leaf spring

horquilla de aluminio, aluminum pickle fork

horquilla igualadora del cable, cable equalizer yoke

humedad, moisture

humo, smoke

hundimiento, recession

I

igualador, equalizer

iluminar, illuminate

imán, magnet

impedancia, impedance

impulsado, driven

impulsor de la bomba de agua, water pump impeller

inclinación del eje de la dirección, steering axis inclination

inclinación excesiva de la carrocería, excessive body roll

inclinarse, sway

indicador, indicator

indicador de dirección, signal indicator

indicador de dirección, turn signal indicator

indicador de la presión de aceite, oil pressure gauge

indicador de reloj, dial indicator

indicador de temperatura, temperature gauge

indicador de voltaje, voltage gauge

inductivo, inductive

inhabilitar, disable

inoperable, inoperative

inserto de la bujía, spark plug insert

inspección, inspection

inspección previa a la alineación, pre-alignment inspection

inspeccionar, inspect

instalar, install

instrumento, instrument

insuficientemente inflado, underinflated

intercambiados, crossed

interior, inboard

interior, inside

intermitente, intermittent

interrupción a tierra, open ground

interruptor, switch

interruptor de encendido, ignition switch

interruptor de estacionamiento del limpiaparabrisas, wiper motor park switch

interruptor de la bocina/claxon, horn button

interruptor de la luz de freno, brake light switch

interruptor de la luz de freno, stop light switch

interruptor de las luces direccionales, turn signal switch

interruptor de presión diferencial, pressure differential switch

interruptor de tiempo, switch timer

interruptor del ciclo de presión, pressure cycling switch

interruptor del embrague, clutch switch

interruptor del freno de estacionamiento, parking brake switch

interruptor del nivel del líquido, fluid level switch

interruptor manual del asiento eléctrico, power seat manual switch

interruptor neutral de seguridad, neutral safety switch

interruptor neutral de seguridad, park/neutral position switch

interruptor térmico de tiempo, thermal timer

invertido, reversed

inyección, injection

inyección de combustible, fuel injection

inyección múltiple de combustible, multiport fuel injection

inyector, injector

inyector de combustible, fuel injector

J

jalar, pull

juego del engranaje de la cremallera, gear rack lash

juego excesivo en el tren de las válvulas, excessive valve train clearance

juego libre, free play

juego libre, play

juego libre de las válvulas, valve lash

juego libre excesivo, excessive play

juego longitudinal, end play

junta de carcasa de levas, cam housing gasket

junta de tapa de levas, cam cap gasket

junta homocinética, CV-joint

K

kit de reparación de brazo libre, idler arm repair kit

kit de reparación de la terminal, tie rod repair kit

kit de resortes del compensador, compensator spring kit

kit de sellos de articulación giratoria de la dirección, steering swivel seal kit

L

lado, side

laminillas, shim packs

lámpara de prueba, test light

lámpara de prueba con su propia batería, self-powered test light

lavar, wash

leva, cam

liberar, release

lijadora, sander

lijadora neumática, pneumatic sander

lijar, sand

límite, limit

limpiaparabrisas/lavador, windshield wiper/washer

limpiar, clean

línea, line

línea de alta presión, high pressure line

línea de frenos, brake line

línea de metal del freno, metal brake line

línea de vacío, vacuum line

líquido, fluid

líquido de freno, brake fluid

líquido de la suspensión, suspension fluid

llanta/neumático, tire

llanta/neumático direccional, directional tire

llave, key

llave de encendido en la posición apagada, key-off

llave de impacto, impact wrench

lóbulo, lobe

lóbulos del árbol de levas, camshaft lobes

localización de fallas, troubleshooting

longitud, length

longitud del vástago de la válvula, valve stem length

longitud libre, free length

lubricante, lubricant

lubricante con base de silicón, silicone-based lubricant

lubricante de articulación giratoria de la dirección, steering swivel lube

lubricante para baleros para alta temperatura, high temperature wheel bearing lubricant

luces delanteras retráctiles, retractable headlamps

luces direccionales, turn signals

luces interiores de cortesía, interior courtesy lamps

luz, lamp

luz, light

luz baja, low beam

luz de advertencia, warning lamp

luz de advertencia de freno, brake warning light

luz de advertencia de la presión de aceite, oil pressure warning light

luz de advertencia del freno de estacionamiento (emergencia), parking brake warning light

luz de freno, stop light

luz de frenos, brake light

luz del espejo de la visera, vanity mirror light

luz indicadora "MIL", MIL light

luz indicadora de presión de aceite, oil pressure indicator light

luz trasera, taillight

M

magnético, magnetic

mal ajustado, misadjusted

mal funcionamiento, malfunctioning

maletero/cajuela, trunk

malla de la bomba de aceite, oil pump screen

mandril, chuck

manga/camisa de la terminal de la dirección, tie rod sleeve

manguera, hose

manguera de desfogue del cárter, crankcase vent hose

manguera de desvío, bypass hose

manguera de freno, brake hose

manguera de freno flexible, flexible brake hose

manguera de la dirección asistida, power steering hose

manguera de la suspensión, suspension hose

mangueras del radiador, radiator hoses

maniobrabilidad, handling

maniobrabilidad errática, erratic handling

maniobras, maneuvers

maniobras de estacionamiento, parking maneuvers

manivela de velocidad, speed handle

máquina de balines a propulsión, bead blast machine

maquinar/rectificar, machine

marcas de vibración causadas por el torno, lathe chatter marks

marcha inestable, rough idle

marcha mínima/relenti, idle

marchar libremente, coast (v)

margen, margin

margen de la válvula, valve margin

mariposa del acelerador, throttle

martillados con balines a presión, shot peen

martillo, hammer

material aislante del cable, wire insulation

material de fricción, friction material

material de fricción de freno cristalizado, glazed brake linings

material de fricción de frenos, brake linings

material de los empaques (juntas) de tipo anaeróbico, anaerobic-type gasket material

maza, hub

maza de la rueda, wheel hub

mecánico, mechanical

mecanismos de ajuste, adjuster hardware

medida, measurement

medidor, gauge

medidor, meter

medidor de pasa/no-pasa, go/no-go gauge

medidor de presión, pressure gauge

medidor de vacío, vacuum gauge

medir, measure

método, method

método para apretar los tornillos de torsión angular, torque-angle bolt tightening method

mezcla, mixture

mezcla de aire/combustible, air/fuel mixture

micrómetro, micrometer

micrómetro de exteriores, external micrometer

modulador, modulator

módulo, module

módulo de control de la carrocería, body control module

mojado, wet

moletear, knurl

monitor, monitor

montaje, mount

montaje, setup

mordaza flotante, floating caliper

motor, engine

motor con árbol de levas en la cabeza/culata, overhead cam engine

motor con cilindros en línea, in-line engine

motor de arranque, starter motor

motor de cuatro tiempos, four cycle engine

motor enfriado por líquido , liquid cooled engine

motor muy revolucionado, over revved engine

motor no gira, engine does not crank

motor tipo V con válvulas en la cabeza, V-type overhead valve engine

movimiento del vehículo de izquierda a derecha, road wander

movimiento rápido hacia arriba y hacia abajo, rapid up-and-down movement

multigrado, multi-viscosity

multímetro, multimeter

multímetro digital, digital multimeter

múltiple de admisión, intake manifold

muñón, journal

muñón, trunnion

muñón de la dirección, steering knuckle

muñón del cigüeñal, crankshaft journal

muñón principal, main journal

N

negativo, negative

neumático, tire

neumático, pneumatic

nivel, level

nivel de velocidad de corte más lento, slowest feed rate

no cargando lo suficiente, undercharging

no quemado, unburned

núcleo sólido, solid core

O

obstruido, clogged

obstruido, plugged

odómetro, odometer

odómetro de viaje, trip odometer

ohmiómetro, ohmmeter

ohmios, ohms

operación normal, proper operation

orificio, hole

orificio, tap

orificio atmosférico, atmospheric port

orificio de retorno, return port

orificio de vacío, vacuum port

orificio inferior de montaje del puntal trasero, lower rear strut mounting hole

orificios de aceite en los cojinetes (metales), bearing oil holes

oscilación, wobble

oscilar rápidamente, flutter

osciloscopio, oscilloscope

ovalización, out-of-round

oxidado, corroded

óxido, rust

oxígeno, oxygen

P

palanca, lever

palanca, pry-bar

palanca de freno, brake lever

papel de lija, sand paper

para uso ligero, light-duty

parabrisas, windshield

parada de emergencia, emergency stop

paralelismo, parallelism

paralelismo del disco, rotor parallelism

paralelo, parallel

pared, wall

pared del cilindro, cylinder wall

paredes de los cilindros, cylinder bores

parte, part

parte oxidada, rusted part

partes de goma, rubber parts

pasador de articulación giratoria, swivel pin

pasador de muñón, trunnion pin

pasador del pistón, piston pin

pasador del pistón, wrist pin

pasador/chaveta, cotter pin

pasaje, passage

pasajero, passenger

pasajes de retorno del aceite, oil return passages

pasajes del aceite, oil passages

paso, step

pastillas/balatas, pads

pastillas/balatas de freno semi-metálicas, semi-metallic brake pads

patrón, pattern

patrón cruzado, cross-hatch

patrón de desgaste, wear pattern

patrón de la señal, waveform

patrones de rotación de llantas/neumáticos, tire rotation patterns

pavimento, pavement

pavimento disparejo, rough pavement

pedal del freno, brake pedal

pedal pulsante, pulsating pedal

pegado, frozen

perforar, pierce

perilla de liberación de freno , brake release knob

perno de apoyo, fulcrum bolt

perno de muñón, trunnion bolt

perno deslizante, slide pin

perno/terminal, pin

pernos deslizantes de la mordaza, caliper slide pins

picaduras, pitting

piedras rectificadoras, grinding stones

pinchar, pinch

piñón, pinion

piñón del motor de arranque, starter drive

piñón del motor de arranque, starter pinion

piñón y cremallera, rack and pinion

pista, race

pista de rodamiento, bearing race

pistón, piston

pistones y anillos con exceso de dimensiones, oversize pistons and rings

pivote de la dirección, king pin

placa de desmonte del bloque, block-off plate

placa de fijación de la terminal, tie rod lock plate

placa de respaldo del freno, brake backing plate

placas del acelerador, throttle plate

plato, plate

plato de rodamiento superior, upper bearing plate

plato de soporte, backing plate

plato flexible/volante, flex plate

plato trasero, end plate

platos rotantes, turnplates

platos rotantes de la máquina de alineación, alignment machine turnplates

polea, pulley

polea de la bomba de agua, water pump pulley

posición de "encendido", on position

posición de estacionamiento, park position

posición máxima, max position

posición suelta, released position

positivo, positive

potencia, power

prealineación, pre-alignment

precarga, preload

preencendido, preignition

preensamble, preassembly

prensa hidráulica, hydraulic press

presión, pressure

presión baja de la llanta/neumático, low tire pressure

presión máxima de salida, maximum output pressure

principal, main

probador, tester

probador del sistema de enfriamiento, cooling system tester

problemas de funcionamiento a corto plazo, short term driveability problems

procedimiento, procedure

profundidad, depth

programa, program

programación, programming

propileno, propylene

proteger, protect

prueba de balance de cilindros, cylinder balance test

prueba de caída de voltaje, voltage drop test

prueba de capacidad de carga, load test

prueba de compresión, compression test

prueba de fugas del cilindro, cylinder leakage test

prueba de salida máxima, maximum output test

prueba de vacío, vacuum test

prueba en carretera, road test

puente, jumper

puente (cable), jumper wire

puerta trasera, tailgate

puerto/orificio, port

pulgada, inch

pulir, polish

pulsación, pulsation

pulsar, pulsate

punta de eje/vástago, spindle

puntal, strut

puntal McPherson, MacPherson strut

punto muerto inferior, bottom dead center

punto muerto superior, top dead center

puntos de contacto de las zapatas, shoe support pads

purgar, bleed

purgar, flush

Q

queja, complaint

R

radiador, radiator

radio del borde del cigüeñal, fillet radius

rampa de alineación, alignment ramp

rango, range

ranura, groove

ranura del anillo, ring groove

ranurado, grooved

rayado, scored

reacondicionar, overhaul

realizar, perform

rebaba, metal chip

reborde/pestaña de la columna de la dirección, steering column flange

rebotar, bounce

rebotar, jounce

rebotar, tramp

rebote, rebound

recargar, recharged

receptor, receiver

recesión del asiento, seat recession

rechinido, squeak

recipiente, container

recirculación de los gases de escape, exhaust gas recirculation

reclinable, reclining

reconstruido, rebuilt

recorrido, travel

recorrido de los anillos, ring travel

recorrido del pistón, piston travel

rectificado, resurfaced

rectificar, bore (v)

rectificar, hone

rectificar, resurface

recto, straight-ahead

recuperación, recovery

reempacar, repack

reemplazar, replace

reensamblar, reassemble

reforzador, booster

reforzador, power booster

reforzador de frenos de vacío, vacuum-type brake booster

reforzador de potencia de vacío, vacuum power booster

reforzador de vacío, vacuum-booster

reforzador de vacío de freno, vacuum brake booster

refrigerante del motor, engine coolant

regla recta, straight edge

regulador, regulator

regulador de la ventana, window regulator

regulador de presión de combustible, fuel pressure regulator

regulador de voltaje, voltage regulator

reiniciar, retrain

reinstalar, reinstall

rejilla eléctrica de la ventana, window grid

relación entre la altura y la anchura de la llanta, tire aspect ratio

relevador/relé, relay

remoto, remote

removedor, remover

reparación, repair

reparación mayor de un motor, engine overhaul

reparar, repair

repetidamente, repeatedly

reprogramar, reprogram

resbaladizo, slippery

resistencia, resistance

resistencia balasta, ballast resistor

resorte de alivio de la presión del aceite, oil pressure relief spring

resorte de la válvula, valve spring

resorte espiral, coil spring

resorte trabado, coil bind

resorte/muelle, spring

resorte/muelle de retención, hold-down spring

resortes delanteros, front springs

resortes/muelles de retorno, return springs

respiradero en el cilindro maestro, vent port in the master cylinder

respiradero/ventila, vent

respirador, breather

restricción, restriction

restringido, restricted

retenedor, retainer

retenedor de grasa, grease retainer

retirar, remove

retorcido, kinked

retorno del volante de la dirección, steering wheel returnability

retráctil, retractable

retractor, retractor

reusado, reused

reventado, ruptured

reversa, reverse

rico, rich

rimador, reamer

rimar, ream (v)

rociar, spray

rodamiento de la rueda, wheel bearing

rodamiento superior del puntal, upper strut bearing

rodamiento/balero, bearing

rodamientos de los puntales, strut bearings

rodar, roll

rodillo, roller

rosca, thread

rotación, rotation

rotado, rotated

rotor del distribuidor, distributor rotor

rotor del motor de arranque, starter rotor

rótula, ball joint

rueda, rim

rueda, wheel

rueda indicadora de grados, degree wheel

rueda y ensamble, tire and wheel assembly

ruido, noise

ruido similar al de raspar, grinding noise

S

sacudida, violent shake

sacudir, shudder

salida, output

sangrado manualmente, manually bled

sangradora de presión, pressure bleeder

seco, dry

secuencia, sequence

sedimento, sludge

seguro, lock

seguros de las válvulas, valve keepers

sellador, sealant

sellador, sealer

sellador anaeróbico, anaerobic sealer

sellador de silicón, silicone rubber sealant

sellador del motor, engine sealant

sello, seal

sello de carcasa de leva, cam housing seal

sello de la tapa del depósito del cilindro maestro, cover seal of the master cylinder

sello de soporte de levas, cam holder seal

sello del eje, axle seal

sello delantero, front seal

sello primario, primary cup

sello tipo O, O-ring

sello trasero principal, rear main seal

sellos de bomba de agua, water pump seals

sellos de grasa, grease seals

sellos de las guías de válvulas, valve guide seals

semieje, half shaft

semimetálico, semi-metallic

sensación de vibración, shaking sensation

sensor, sensor

sensor de impacto, crash sensor

sensor de la posición del acelerador, throttle position sensor

sensor de la rueda, wheel sensor

sensor de la rueda integrado en la maza, integral wheel sensor hub

sensor de la suspensión, suspension sensor

sensor de la temperatura del refrigerante del motor, coolant temperature sensor

sensor de presión de la llanta/neumático, tire pressure sensor

sensor de señal de encendido, ignition pickup sensor

sensor de velocidad, speed sensor

sensor de velocidad de la rueda, wheel speed sensor

sensor del indicador de nivel, level indicator sensor

sensor del nivel de líquido, fluid level sensor

sensor magnético de velocidad de la rueda, magnetic wheel speed sensor

sensores de impacto, impact sensors

señal, signal

señales/entradas, inputs

señas, signs

separación en la banda de rodamiento, tread separation

serie, series

serpentina, serpentine

servicio, service

silenciador, silencer

silenciador, vibration dampener (silencer)

silicón, silicone

sin cargas/consumos, no loads on

sincronización de tiempo de las válvulas, valve timing

sincronizado, timed

sistema, system

sistema contra robo, theft deterrent system

sistema de control de marcha mínima, idle-up circuit

sistema de dirección asistida, power steering system

sistema de enfriamiento, cooling system

sistema de escape, exhaust system

sistema de frenos de disco, disc brake system

sistema de frenos de potencia, power brake system

sistema de la bolsa de aire, supplemental inflatable restraint system

sistema de monitoreo de presión de la llanta/neumático, tire pressure monitoring system

sistema de nivel automático (amortiguador de aire), auto level control (air shock) system

sistema de reforzamiento hidráulico de los frenos, hydro-boost brake system

sistema de suspensión de brazo corto / brazo largo, short arm/long arm suspension system

sistema de ventilación positiva del cárter, positive crankcase ventilation system

sistema hidráulico, hydraulic system

sistema PCV, PCV system

sobreapretado, over tightened

sobreapretado, overtightened

sobrecalentar, overheat

sobrecarga, overcharge

sobreinfladas, overinflated

sobrellenado, overfilled

sobremedida, oversize

sobresaliente, overhang

sobresaliente del cojinete (metal), bearing overhang

soldadura, solder

soldadura, welding

soldadura con núcleo de resina, rosin-core solder

solenoide, solenoid

solenoide de la suspensión, suspension solenoid

solenoide del motor de arranque, starter solenoid

soltar, disengage

solvente, solvent

sonda, probe

sonido "clic", clicking noise

soporte, mounting

soporte, support

soporte de la bomba de agua, water pump bracket

soporte de la cubierta de válvulas, valve cover mount

soporte de montaje de la transmisión, transmission mount bracket

soporte del motor, engine mount

soporte del motor, engine mount

soporte del motor de arranque, starter bracket

sostener, hold

sostener, support

strut rod, varilla de retención

suavemente, smoothly

subchasis, cradle

subchasis, crossmember

subchasis, subframe

subchasis delantero, front cradle

sujetador, fastener

sulfatado, sulfated

suministro, supply

suministro de vacío, vacuum supply

supercargador, supercharger

superficie, surface

superficie de la carretera, road surface

superficie del soporte, mounting surface

superficies de contacto, mating surfaces

superficies rectificadas, machined surfaces

superficies selladas, sealed surfaces

sustituto, replacement

T

tablero de instrumentos, instrument cluster

tablero del instrumentos, instrument panel

taller, shop

tambor, drum

tambor de freno, brake drum

tanque, tank

tapa, cap

tapa cubrepolvo, dust cap

tapa de la biela, connecting rod cap

tapa de presión del radiador, radiator pressure cap

tapa de salida de agua, water outlet cap

tapa de válvulas, valve cover

tapa del depósito de fluido de freno, brake reservoir cap

tapa del distribuidor, distributor cap

tapa del radiador, radiator cap

tapa del soporte del motor, engine mount cap

tapón de alambres atornillable, wire nut

tapón de carcasa de levas, cam housing plug

tapones del bloque del motor, core plugs

técnico, technician

tender a desviarse hacia un lado, drift to one side

tensión, tension

tensor, tensioner

tensor de la banda, belt tensioner

tercera luz de freno, high-mounted stop light

terminal, terminal

terminal de barra de tracción, tie rod assembly

terminal de tracción, tie rod end

terminal externa de la dirección, outer tie rod

terminal interno, inner tie rod end

terminales, leads

terminales del medidor, meter leads

termostato, thermostat

tiempo, timing

tiempo de admisión, intake stroke

tiempo de compresión, compression stroke

tiempo de encendido, ignition timing

tiempo de encendido muy adelantado, over advanced ignition timing

tiempo de escape, exhaust stroke

tiempo de potencia, power stroke

tiempo del árbol de levas, cam timing

tiempo del árbol de levas atrasado, retarded camshaft timing

tiempo del encendido atrasado, retarded ignition timing

tierra, ground

tierra de la carrocería, body ground

toalla de taller, shop towel

tope, bump

tope de goma para rebotes, bump/jounce stop

tope de goma para rebotes, jounce bumper

topes para el control de velocidad en la carretera, speed bumps

torcido, twisted

tornillo, bolt

tornillo de ajuste, adjustment screw

tornillo de ajuste del freno, brake adjusting screw

tornillo de la cubierta de válvulas, valve cover screw

tornillo de montaje, mounting bolt

tornillo tipo "U", U-bolt

tornillo/perno central, center bolt

tornillos de torsión angular y estiramiento, torque-to-yield bolts

torno, lathe

torno de banco, off-the-car brake lathe

torre de levas, cam tower

torsión, torque

trabado, seized

trabado, stuck

trabajo de las válvulas, valve job

tracción en las cuatro ruedas, four-wheel drive

tracción trasera, rear-wheel drive

transmisión, transmission

transmisión del limpiaparabrisas, wiper transmission

transmisión transversal, transaxle

transmisor, transmitter

trasera, rear

traslape, overlap

tren de las válvulas, valve train

tren de válvulas sin ajuste, non-adjustable valve train

tren delantero, front end

tubo, pipe

tubo de derivación del respiradero, breather bypass pipe

tubo de escape, exhaust pipe

tubo de escape, tail pipe

tubo de la terminal, tie rod tube

tubo de separación, distance tube

tubos de cobre, copper tubing

tuerca, nut

tuerca de la cubierta de válvulas, valve cover nut

tuerca de la rueda, lug nut

tuerca de muñón, trunnion nut

tuerca de seguridad, lock nut

tuercas de la rueda, wheel lug nuts

tuercas de seguridad, castle nuts

turbocargador, turbo

turbocargador, turbocharger

U

unidad de envío, sending unit

unidad de envío de presión de aceite, oil pressure sending unit

unión con avellanado sencillo, single flare fitting

unión de compresión, compression fitting

unión universal, U-joint

unión universal, universal joint

unión universal de la columna de la dirección, steering column U-joint

uniones, fittings

uniones con avellanados dobles, double flare fittings

uso pesado, heavy-duty

V

vacío, vacuum

vacío del motor, engine vacuum

válvula, valve

válvula de aislamiento, isolation valve

válvula de alivio, relief valve

válvula de alivio de presión, poppet valve

válvula de alivio de presión, pressure relief valve

válvula de combinación, combination valve

válvula de control, control valve

válvula de control de agua, water control valve

válvula de control de flujo de la dirección asistida, power steering flow control valve

válvula de control de marcha mínima, idle air control valve

válvula de desvío, bypass valve

válvula de desvío de la bomba de aceite, oil pump bypass valve

válvula de la suspensión, suspension valve

válvula de presión diferencial, pressure differential valve

válvula dosificadora, metering valve

válvula EGR, EGR valve

válvula para el control del flujo, flow control valve

válvula PCV, PCV valve

válvula proporcionadora, proportioning valve

válvula proporcionadora con sensor de altura, height sensing proportioning valve

válvula proporcionadora que detecta la carga, load sensing proportioning valve

válvula unidireccional, check valve

válvula unidireccional residual, residual check valve

válvulas trabadas, sticking valves

variación en el espesor del disco, rotor thickness variation

varilla, link

varilla central , center link

varilla de empuje, pushrod

varilla de la barra estabilizadora, stabilizer bar link

varilla de la barra estabilizadora, sway bar link

varilla de tracción de la suspensión, suspension pull rod

varillaje, linkage

varillaje de aceleración, throttle linkage

varillaje de la transmisión del limpiaparabrisas, wiper transmission linkage

vástago, stem

vástago de la válvula, valve stem

vástago medidor de aceite, oil dipstick

vehículo, vehicle

vehículo con frenos de disco/tambor, vehicle with disc/drum brakes

vehículo con tracción delantera, front-wheel drive vehicle

vehículo con tracción trasera, rear-wheel drive vehicle

vehículo grande, full-sized car

vehículo grande con tracción trasera, full-size rear wheel drive vehicle

vehículo jala hacia la derecha, vehicle pulls to the right

vehículo jala hacia la izquierda, vehicle pulls to the left

vehículo rueda hasta parar, vehicle rolls to a stop

vehículo se inclina excesivamente, vehicle dives excessively

vehículo se mueve de izquierda a derecha, vehicle wanders

velocidad, speed

velocidad del motor, engine speed

velocidades de autopista, highway speeds

velocímetro, speedometer

ventana de la puerta trasera, tailgate window

ventana eléctrica, power window

ventilador eléctrico, electric fan

ventilador/abanico, fan

verificar, check

vernier, caliper

vibración, vibration

vibración en el volante de la dirección, steering wheel shake

vibración/temblor en la dirección, steering shimmy

vibrar, vibrate

virar, turn

viscosidad, viscosity

visera, visor

volante de la dirección, steering wheel

volante del motor, flywheel

voltaje, voltage

voltaje de corriente directa, DC voltage

voltaje del circuito abierto, open circuit voltage

voltímetro, voltmeter

voltímetro-ohmiómetro, volt-ohmmeter

Z

zapata del freno, brake shoe

zapata primaria, primary shoe

zapata secundaria, secondary shoe

zumbador de advertencia de la llave, key warning buzzer

zumbido, buzzing noise

zumbido, howling

zumbido agudo, high pitched whine

zumbido del cinturón de seguridad, seat belt buzzer

ABOUT THE AUTHOR

For more than 25 years, José Luis Leyva has worked as a translator and interpreter in various technical areas. His vast experience in bilingualism has allowed him to interpret for CEO's, manufacturing directors, human resources managers, plant managers, attorneys, ambassadors and even Presidents. He is also the author of other books, including technical dictionaries of the *The 1333 Most Frequently Used Terms* series.

ACERCA DEL AUTOR

Durante más de 25 años, José Luis Leyva se ha desempeñado como intérprete y traductor en diversas áreas técnicas. Su amplia experiencia lingüística lo ha llevado a interpretar para directores ejecutivos, directores de manufactura, gerentes de recursos humanos, gerentes de planta, abogados, embajadores y hasta presidentes. Es también autor de varias obras, entre las que se incluyen los diccionarios técnicos de la serie *The 1333 Most Frequently Used Terms*.